Titoli di Saggistica di Janvier T. Chando

CAMERUN: Il Sistema di Marionette Disfunzionali della Francia…
ICONE E CATTIVI: I Recenti Omicidi Politici…
EROI CADUTI: I Leader Africani i cui Assassinazioni…
UCRAINA: Il Tiro Alla Fune Tra Russia e Occidente
CAMERUN: Il Cuore Infestato dell'Africa

Titoli di Finzione di Janvier Chando

L'Usurpatore: e Altre Storie
Agente Triplo, Doppia Croce
Discepoli della Fortuna
L'Unione Muzhik
Il Flash del Sole
La Chiamata della Fortuna
Il Maestro della Fortuna
I Figli della Fortuna
Lo Prima di Loro
La Leggenda di Fuoco e Ghiaccio
La Più Dolce Follia
Le Nonne
Il Fuoco della Fame
Le Sfumature del Fuoco
Padre e Figli
Il Dottore
Tonalità Scure
Legami Fatidici
Il Verdetto dell'Ade
La Prova di sua Maestà
Follia di Ngoko
L'Usurpatore
La Dote
Sono odiato
L'Allocco

Prossimi Titoli di Janvier Chando

Il Falco Bianco
I Incostante di Casa
Gli Orsi di Norilsk
Gli Amici Mortali

IL TRADIMENTO DI PROBITÀ:

L'Assassinio di Thomas Sankara del Burkina Faso e la Soffocazione della Speranza in Africa

Janvier T. Chando

TISI BOOKS

NEW YORK, RALEIGH, LONDRA, AMSTERDAM

PUBBLICATO DA TISI BOOKS

IL TRADIMENTO DI PROBITÀ: L'Assassinio di Thomas Sankara
del Burkina Faso e la Soffocazione della Speranza in Africa
© 2019 Janvier Chando

ISBN-13: 978-1-7097-7099-9
ISBN-10: 1-7097-7099-6

PUBBLICATO DA TISI BOOKS
www.tisibooks.com

NEW YORK, RALEIGH, LONDRA, AMSTERDAM

Stampato negli Stati Uniti d'America

Riconoscimento

Parole speciali di apprezzamento a Franklyn Bayen, Salomon Muna T. Yakana, Eric Nkabyo, Idris Doh, Julius Wakam, Sampson Baiye, Gabriel Nkeng, Linus Chinda, Wilson Okole, Rodney Musoko e Valentine Forchak con cui abbiamo discusso dell'eredità di Sankara e con cui siamo arrivati a conclusioni perspicaci.

Dedizione

Il libro è dedicato a tutti i leader iconici e leggendari i cui scopi erano di servire l'umanità e far progredire il benessere dell genere umano, in particolare quelli che sono stati abbreviati nelle loro missioni storiche dalle forze del male di questo mondo.

IL TRADIMENTO DI PROBITÀ:

L'Assassinio di Thomas Sankara del Burkina Faso
e la Soffocazione della Speranza in Africa

CONTENUTO

CITAZIONI DI PATRICE LUMUMBA

"Mentre i rivoluzionari come individui possono essere uccisi, non puoi uccidere le idee."

"Il nemico non è colui che ti sta affrontando con una spada in mano, è l'avversario. Il nemico è quello dietro di te con un coltello puntato sulla schiena."

"Senza educazione politica patriottica, un soldato è solo un potenziale criminale."

"Non penso che Blaise (Blaise Compaoré, il suo vice e migliore amico) voglia fare un tentativo sulla mia vita. L'unico pericolo è che se rifiuta di agire, i poteri imperialisti gli offriranno il potere su un piatto d'argento organizzando il mio assassinio. Anche se riescono ad assassinarmi, non importa! La linea di fondo è che vogliono mangiare e io li sto fermando. Ma morirò pacificamente, per mai, dopo quello che siamo riusciti a instillare nelle coscienze dei nostri connazionali, non possono controllare il nostro popolo come in precedenza."

"Non puoi effettuare cambiamenti fondamentali senza una certa dose di follia. In questo caso, nasce dalla non conformità, il coraggio di voltare le spalle alle vecchie formule, il coraggio di inventare il futuro."

"Il debito è una riconquista abilmente gestita dell'Africa. È una riconquista che trasforma ognuno di noi in uno schiavo finanziario."

"Deve esserci la fine dell'arroganza delle grandi potenze, che non perdono mai l'opportunità di sfidare i diritti dei popoli. L'assenza dell'Africa dal club del veto è ingiusta e deve essere affrontata."

"Non siamo contro il progresso, ma non vogliamo progressi anarchici e che trascurano criminalmente i diritti degli altri."

"La disuguaglianza può essere eliminata solo istituendo una nuova società, in cui uomini e donne godranno di pari diritti ... Pertanto, lo status delle donne migliorerà solo con l'eliminazione del sistema che le sfrutta."

"Lo spirito è soffocato, per così dire, dall'ignoranza, ma non appena l'ignoranza viene distrutta, lo spirito brilla come il sole quando rompe le nuvole."

"La famiglia patriarcale fece la sua apparizione, fondata sulla proprietà esclusiva e personale del padre, che era diventato capo della famiglia. All'interno di questa famiglia, la donna era oppressa."

"Voglio che le persone si ricordino di me come qualcuno la cui vita è stata utile all'umanità."

"Il nostro Paese produce abbastanza per sfamarci tutti. Purtroppo, per mancanza di organizzazione, siamo costretti a chiedere aiuti alimentari. È questo aiuto che infonde nel nostro spirito l'atteggiamento dei mendicanti ."

"Qualsiasi cosa che l'uomo può immaginare, lui è in grado di creare."

"I pazzi di ieri ci hanno messo in grado di agire con estrema chiarezza oggi. Voglio essere uno di quei pazzi. Dobbiamo osare inventare il futuro."

"Se fai una passeggiata per Ouagadougou e fai un elenco delle dimore che vedi, noterai che appartengono solo a una minoranza. Quanti di voi che sono stati assegnati a Ouagadougou dagli angoli più remoti del paese hanno dovuto trasferirsi ogni notte perché tu hai stati buttati fuori dalla casa che hai affittato? A coloro che hanno acquisito case e terreni attraverso la corruzione, diciamo: inizia a tremare. Se hai rubato, trema, perché verremo dopo di te."

"Dobbiamo osare inventare il futuro."

"Le donne reggono l'altra metà del cielo."

"Facciamo ogni sforzo per vedere che le nostre azioni sono all'altezza delle nostre parole ed essere vigili per quanto riguarda il nostro comportamento."

"Compagni, non esiste una vera rivoluzione sociale senza la liberazione delle donne."

"È davvero un peccato che ci siano osservatori che vedono eventi politici come i fumetti. Deve esserci uno Zorro, deve esserci una stella. No, il problema dell'Alto Volta è più grave di così. È stato un grave errore cercare un uomo, una stella, a tutti i costi, al punto di crearne uno, cioè al punto di attribuire la proprietà dell'evento al capitano Sankara, che doveva essere stato il cervello, eccetera."

"La nostra rivoluzione in Burkina Faso si basa sulla totalità delle esperienze umane sin dal primo respiro dell'umanità. Desideriamo essere gli eredi di tutte le rivoluzioni del mondo, di tutte le lotte di liberazione dei popoli del Terzo Mondo. Traggiamo le lezioni della rivoluzione americana."

"La rivoluzione non può trionfare senza l'emancipazione delle donne."

"La rivoluzione e la liberazione delle donne vanno insieme. Non parliamo dell'emancipazione delle donne come un atto di carità o per un'ondata di compassione umana. È una necessità fondamentale per il trionfo della rivoluzione. Le donne reggono l'altra metà del cielo."

"L'imperialismo è un sistema di sfruttamento che si verifica non solo nella forma brutale di coloro che vengono con le pistole per conquistare il territorio. L'imperialismo si presenta spesso in forme più sottili, un prestito, un aiuto alimentare, un ricatto. Stiamo combattendo questo sistema che consente a una manciata di uomini sulla terra di governare tutta l'umanità."

"Dobbiamo lavorare per decolonizzare la nostra mentalità e raggiungere la felicità entro i limiti del sacrificio che dovremmo essere disposti a fare. Dobbiamo ricondizionare il nostro popolo per accettarsi così come sono, per non vergognarsi della loro situazione reale, per essere soddisfatto con esso, alla gloria in esso, addirittura."

"I nemici di un popolo sono quelli che li mantengono nell'ignoranza."

"La rivoluzione Francese ci ha insegnato i diritti dell'uomo."

"Compagni, non esiste una vera rivoluzione sociale senza la liberazione delle donne. Che i miei occhi non possano mai vedere e i miei piedi non mi portino mai in una società dove metà della gente è tenuta in silenzio. Sento il ruggito del silenzio delle donne. Sento il rombo della loro tempesta e sento la furia della loro rivolta."

"Dobbiamo imparare a vivere alla maniera Africana. È l'unico modo di vivere in libertà e con dignità. "

"Chi ti nutre, ti controlla."

"Nella sua forma attuale, controllata dall'imperialismo, il debito è una riconquista sapientemente gestita dell'Africa, con l'obiettivo di soggiogare la sua crescita e il suo sviluppo attraverso regole straniere. Pertanto, ognuno di noi diventa lo schiavo finanziario, vale a dire un vero schiavo."

"Chi non ti nutre non può pretendere nulla da te."

"La disuguaglianza può essere eliminata solo istituendo una nuova società, in cui uomini e donne godranno di pari diritti, risultanti da uno sconvolgimento dei mezzi di produzione e in tutte le relazioni sociali. Pertanto, lo status delle donne migliorerà solo con l'eliminazione del sistema che le sfrutta".

"Che Guevara ci ha insegnato che potremmo avere il coraggio di avere fiducia in noi stessi, fiducia nelle nostre capacità. Ha instillato in noi la convinzione che la lotta è la nostra unica risorsa. Era un cittadino del mondo libero che insieme stiamo costruendo. Ecco perché diciamo che Che Guevara è anche Africano e Burkinabé."

"Non vergognarti mai di essere Africano."

"Quando il popolo si alza, l'imperialismo trema."

MAPPE

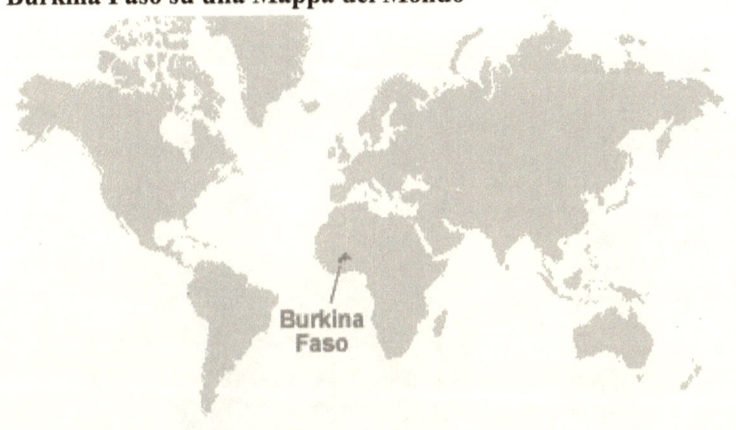

Mappa Amministrativa del Burkina Faso

Mappa Politica dei Paesi Africani

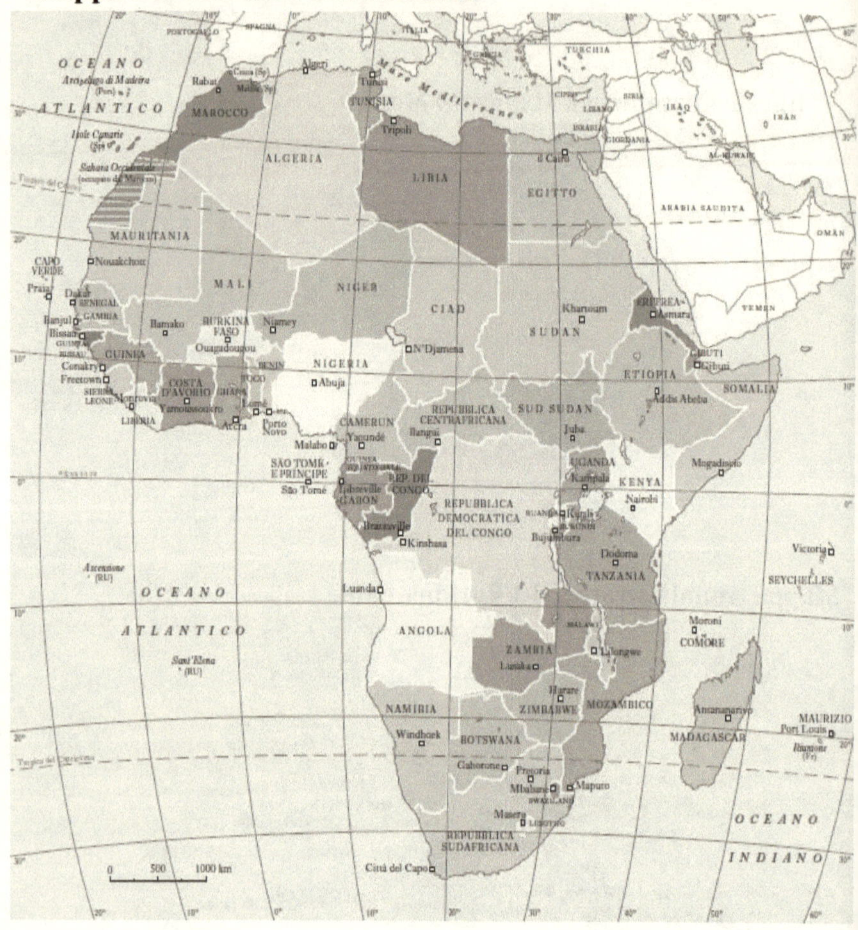

Mappa di Partizione dell'Africa: 1884-1914

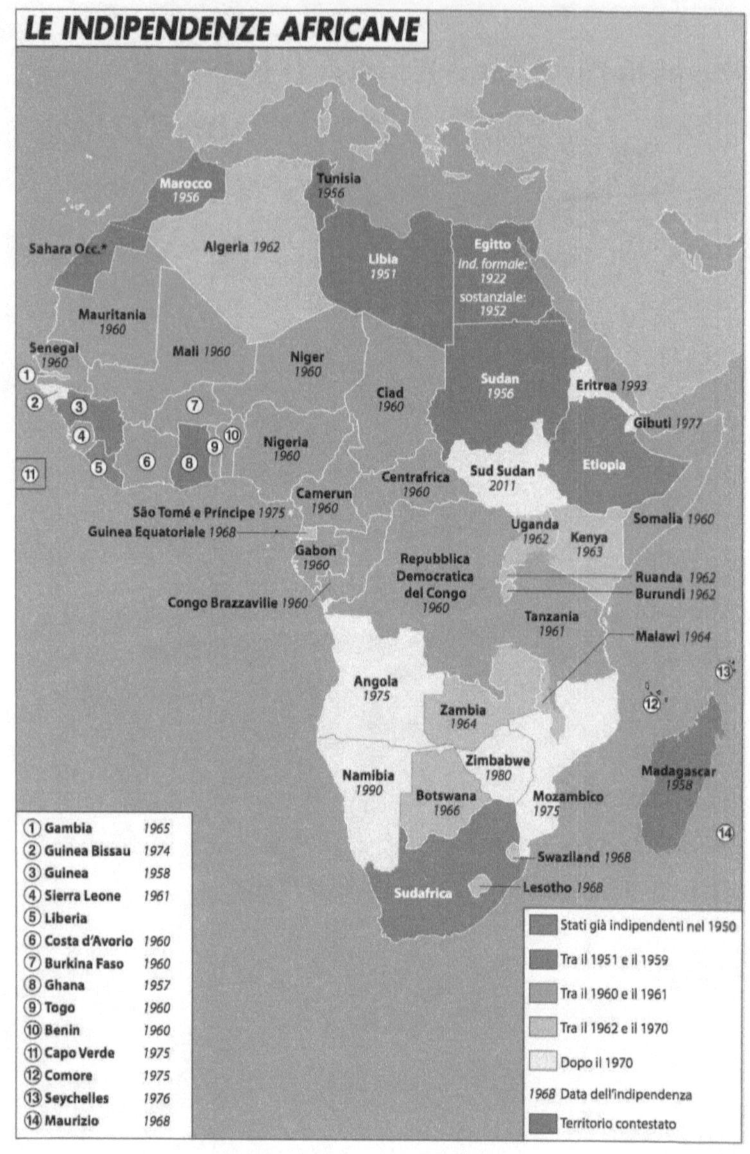
LE INDIPENDENZE AFRICANE

Marocco 1956
Tunisia 1956
Sahara Occ.*
Algeria 1962
Libia 1951
Egitto
Ind. formale: 1922
sostanziale: 1952
Mauritania 1960
Senegal 1960
Mali 1960
Niger 1960
Ciad 1960
Sudan 1956
Eritrea 1993
Gibuti 1977
Nigeria 1960
Centrafrica 1960
Sud Sudan 2011
Etiopia
Camerun 1960
São Tomé e Príncipe 1975
Guinea Equatoriale 1968
Uganda 1962
Kenya 1963
Somalia 1960
Gabon 1960
Repubblica Democratica del Congo 1960
Ruanda 1962
Burundi 1962
Congo Brazzaville 1960
Tanzania 1961
Malawi 1964
Angola 1975
Zambia 1964
Zimbabwe 1980
Namibia 1990
Botswana 1966
Mozambico 1975
Madagascar 1958
Sudafrica
Swaziland 1968
Lesotho 1968

1 Gambia 1965
2 Guinea Bissau 1974
3 Guinea 1958
4 Sierra Leone 1961
5 Liberia
6 Costa d'Avorio 1960
7 Burkina Faso 1960
8 Ghana 1957
9 Togo 1960
10 Benin 1960
11 Capo Verde 1975
12 Comore 1975
13 Seychelles 1976
14 Maurizio 1968

Stati già indipendenti nel 1950
Tra il 1951 e il 1959
Tra il 1960 e il 1961
Tra il 1962 e il 1970
Dopo il 1970
1968 Data dell'indipendenza
Territorio contestato

INTRODUZIONE

Nella mia ricerca della risposta al motivo per cui esistono alcuni punti di crisi geopolitici nel mondo, nella mia curiosità di conoscere la / e ragione / e per cui alcuni paesi e il mondo in generale hanno subito cambiamenti improvvisi e drammatici che hanno portato alla guerra, all'instabilità o al riorientamento del loro le politiche interne ed estere che non solo hanno influenzato questi paesi, ma influenzano anche determinate regioni o il mondo intero, ho esplorato omicidi politici negli ultimi dozzine di decenni che hanno cambiato il nostro mondo. Con il nostro mondo intendo le nostre comunità, paesi, regioni e l'umanità nel suo insieme.

Nel trattare i diversi omicidi avvenuti nel corso degli anni, ho usato un approccio caratterizzato dalla sociologia politica, in cui ho analizzato in modo succinto i fattori storici e sociali che non solo hanno portato agli omicidi, ma che sono nati anche dall'uccisione di queste figure storiche. E da questi fattori, ci viene presentata un'idea o immagini di come la società colpita si è evoluta dall'evento o dagli eventi traumatici.

Dai contraccolpi che hanno seguito l'assassinio di

personaggi storici, leggendari o iconici, possiamo imparare qualcosa di utile e inventare scenari o cosa aspettarci come calamità se determinati leader vengono assassinati, e quindi agire di conseguenza nel prevenire i loro omicidi.

Capitolo Uno

Thomas Sankara

Quando l'Africa si svegliò quella mattina del 16 Ottobre 1987 e venne a sapere della morte di Thomas Sankara, il carismatico capo di stato del Burkina Faso, shock, dolore e malinconia si insediarono nel continente. Quando sorsero altre notizie riferendo che fu ucciso insieme ad altri dodici in un colpo di stato militare guidato dall'allora vicepresidente Blaise Compaoré, (che dopo il colpo di stato divenne presidente e governò fino alla sua espulsione in una rivolta popolare il 31 Ottobre, 2014), le masse del Burkina Faso sono state oltraggiate. Thomas Sankara aveva fatto sapere al mondo che Blaise Compaoré era il suo amico e il suo più stretto confidente.

Quindi, chi era questo giovane che ha preso un paese senza sbocco sul mare in Africa da un vicolo cieco, un territorio che era il cuore dell'Impero Songhai, e poi ha mostrato alla gente lì e ai loro fratelli nel resto dell'Africa la strada per un futuro privo dell'influenza ritardante del neocolonialismo?

Capitolo Due

La storia inizia nel 1949, con la nascita di Thomas Sankara il 21 Dicembre dello stesso anno a Yako, nell'Alto Volta, e divenne leggendario con la sua morte il 15 Ottobre 1987, a Ouagadougou, Burkina Faso, dai proiettili dei suoi assassini. Tuttavia, ci occuperemo dei Capitoli che costituiscono la sua vita sulla terra mentre approfondiamo il modo in cui è diventato il leader della Rivoluzione Burkinabé prima della sua morte prematura.

L'ascesa di Sankara all'ufficio più alto della terra iniziò dopo il suo addestramento come pilota e dopo che divenne un capitano nell'Air Force dell'Alta Volta. Ma non furono solo le sue abilità di pilota a renderlo una figura popolare nella capitale del paese, Ouagadougou, soprattutto dopo aver combattuto nella guerra di frontiera del 1974 contro il Mali. Il fatto che fosse un chitarrista decente e il fatto che gli piacessero le moto potrebbe aver contribuito al suo carisma. Quindi, la sua nomina a Segretario di Stato per l'Informazione nel 1981 dal colonnello Saye Zerbo, che divenne presidente del paese dopo aver posto fine al governo di 14 anni di Sangoulé Lamizana con un colpo di stato il 25 Novembre 1980, fu accolta dal paese gente. Tuttavia, quando si dimise dal governo il 21 Aprile 1982, citando la deriva anti-manodopera del regime, la popolazione vide un altro lato lodevole del suo personaggio che era insolito in giro. Era incorruttibile.

Il colpo di stato del 7 Novembre 1982 guidato dal Magg. Dr. Jean-Baptiste Ouédraogo e il Consiglio di salvezza popolare (CSP) che rovesciò il colonnello Saye Zerbo provocò la rianimazione delle fortune di Sankara quando il nuovo presidente lo nominò Primo Ministro nel 1983. Ma poi, Jean-Christophe Mitterrand, figlio del presidente Francese Francois Mitterrand, che in passato era il consigliere per gli affari Africani di suo padre, visitò l'Alto Volta quell'anno, non amava le idee politiche, la schiettezza e la natura incorruttibile del giovane Sankara, e così ha convinto il presidente dell'Alto Voltan a porre Sankara e alcuni dei suoi stretti collaboratori agli arresti domiciliari. Il suo confinamento da parte delle autorità ha innescato una rivolta popolare che non poteva essere contenuta.

La saga di Sankara non avrebbe preso nuove dimensioni se un gruppo di uomini dell'Alta Volta, oggi noto come Burkina Faso, non avesse deciso di lanciare una rivoluzione che avrebbe permesso al paese "di accettare la responsabilità della sua realtà e del suo destino con dignità umana". Un colpo di stato organizzato da Blaise Compaoré con l'aiuto del capitano Henri Bongo, del maggiore Jean-Baptiste Booker Lingam e del carismatico capitano Thomas

Sankara ha deposto Jean-Baptiste Ouedraogo il 4 Agosto 1983, dopo di che hanno pronunciato Thomas Sankara il leader. Il trentatreenne Sankara ha continuato a diventare una figura di spicco nel gruppo di leader Africani che volevano dare al continente in generale, e ai loro paesi in particolare, una nuova dimensione sociopolitica priva delle catene del neocolonialismo, in particolare della prepotente Controllo Francese delle sue ex colonie e territori Africani.

Thomas Sankara, il carismatico leader di sinistra di un paese nel cuore dell'Africa occidentale è stato talvolta soprannominato "Tom Sank" ed è stato considerato da alcuni dei suoi ammiratori come un "Che Guevara Africano" anche prima di diventare capo dello stato del paese dopo il colpo di stato ideato dal suo amico Blaise Compaoré.

La spartizione dell'Africa

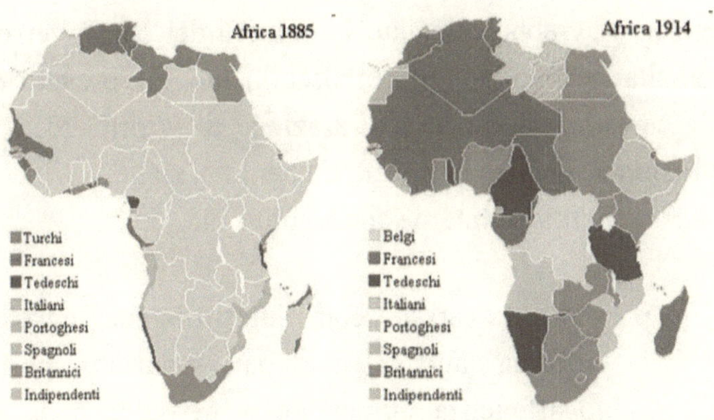

Capitolo Tre

Un anno dopo aver assunto l'ufficio più alto della terra, Sankara iniziò i programmi più ambiziosi per il cambiamento sociale ed economico mai tentati in nessuno dei paesi del continente Africano. Ha cambiato il nome del paese dall'Alto Volta al Burkina Faso, che significa "la terra delle persone rette" in Mossi e Dyula, che sono le due lingue principali del paese. Ha anche inventato una nuova bandiera e un nuovo inno per il paese entusiasta. Il giovane presidente avrebbe orientato la politica del paese verso la lotta alla corruzione, il rimboschimento, la prevenzione della carestia e verso la realizzazione di priorità reali per l'istruzione e l'assistenza sanitaria per la nazione.

Le sue politiche interne concentrato su:

- prevenire la carestia con l'autosufficienza agraria e la riforma agraria che ha provocato portato l'autosufficienza alimentare a tre anni dalla sua presidenza

- fare dell'istruzione una priorità, che il governo stato

implacabile nel perseguire attraverso una campagna di alfabetizzazione nazionale
- e promuovere la salute pubblica vaccinando 2, 500, 000 (2,5 milioni) di bambini contro la meningite, la febbre gialla e il morbillo.

Altri aspetti lodevoli della sua agenda nazionale includevano:

- la piantagione di oltre 10.000, 10.000 (dieci milioni) alberi, che ha contribuito notevolmente a fermare la crescente desertificazione del Sahel
- il raddoppio della produzione di grano ridistribuendo la terra dai proprietari feudali ai contadini
- la sospensione delle imposte sul reddito rurali e degli affitti domestici
- e l'avvio di un ambizioso programma di costruzione di strade e ferrovie per "legare insieme la nazione".

A livello locale, Sankara ha anche guidato l'unità per ogni villaggio a costruire un dispensario medico e per oltre 350 comunità a costruire scuole usando il proprio lavoro.

Subito dopo essere salito al potere, è diventato il campione dell'emancipazione e dei diritti delle donne in Africa. In realtà, ciò è stato confermato dal suo divieto di mutilazione genitale femminile; la sua abolizione dei matrimoni forzati, dei matrimoni infantili e della poligamia; così come dalle sue politiche e dai suoi sforzi che incoraggiano le donne ad assumere posizioni di leadership nel governo e nella società, in particolare nominando le donne ad alte posizioni governative e incoraggiandole a lavorare fuori casa e a rimanere a scuola, anche se sono rimaste incinte. Quando ha scritto che:

"La rivoluzione e la liberazione delle donne vanno insieme. Non parliamo dell'emancipazione delle donne come un atto di carità o a causa di un'ondata di compassione umana. È una necessità fondamentale per il trionfo della rivoluzione. Le donne reggono l'altra metà del cielo. "

È stato un riflesso della sua determinazione ad migliorare la qualità della vita delle donne nel suo paese e in Africa.

Sankara e Fidel Castro di Cuba

Capitolo Quattro

Sankara perseguì una politica estera che non perdonava l'imperialismo e incoraggiava la cooperazione basata sul rispetto e sul riconoscimento degli interessi del Burkina Faso, nonché dell'interesse delle altre parti che si occupano del Burkina Faso. Ciò ha visto il suo governo evitare tutti gli aiuti esteri, spingendo per la riduzione del debito in modo audace, nazionalizzando tutta la ricchezza di terre e minerali, evitando così il potere e l'influenza del Fondo Monetario Internazionale (FMI) e della sua istituzione finanziaria sorella la Banca Mondiale.

Uno dei motivi per cui le élite globali si aspettavano che il Burkina Faso continuasse a inchinarsi e sfuggire al suo ex padrone coloniale e alle istituzioni finanziarie internazionali era perché era uno dei paesi più poveri del mondo al momento. Ma Sankara era diverso. Era fermamente convinto che il paese potesse venire in giro e sostenersi senza aiuti stranieri. È persino arrivato a rifiutare i pacchetti di aiuti del Fondo monetario internazionale, "assistenza" fornita dall'organismo finanziario internazionale con le condizioni ad essi collegate che hanno compromesso la sovranità del Burkina Faso. Ha articolato questa posizione di indipendenza attraverso numerosi scritti, discorsi, interviste e altri scambi. Sfortunatamente, personificando la rettitudine in un periodo immediatamente successivo all'indipendenza degli anni '60, quando la maggior parte dei leader rivoluzionari, panafricanisti e audaci del continente erano stati uccisi, rovesciati e intimiditi o umiliati da minacce, sanzioni, sabotaggi e altre misure attive; Sankara sembrava essere una voce nel deserto. Pensò di aver trovato un forum per vendere la sua crociata durante il vertice dell'Organizzazione dell'Unità Africana del luglio 1987, dove cercò di convincere i capi di stato di altri paesi africani ad agire collettivamente e non pagare i loro debiti finanziari ai loro ex colonizzatori affermando quello:

> *"Le origini del debito risalgono alle origini del colonialismo ... Non possiamo rimborsare il debito perché non siamo responsabili di questo debito. Al contrario, altri ci devono qualcosa che nessun denaro può pagare. Vale a dire, il debito di sangue ... "*

Anche se i rivoluzionari programmi di autosufficienza di Sankara lo hanno trasformato in un'icona agli occhi di molti poveri dell'Africa e hanno aumentato la sua popolarità con la maggior parte dei cittadini poveri del Burkina Faso, le sue politiche hanno minato gli interessi acquisiti di una vasta gamma di gruppi (il La borghesia francofila Burkinabé, i capi tribali che si risentivano del fatto che li privava dei loro privilegi tradizionali di lunga data al lavoro forzato e al pagamento dei tributi, e la Francia e il suo alleato in Costa d'Avorio sotto Félix Houphouet-Boigny, che considerava un fantoccio di Francia). Così, quando Blaise Compaoré orchestrò il suo rovesciamento e il suo assassinio il 15 Ottobre 1987, molte persone (Burkinabi e non Burkinabi) rimasero chiedendosi se non lo vedesse arrivare. Dopotutto, una settimana prima del suo assassinio, ha dichiarato che:

"Mentre i rivoluzionari come individui possono essere uccisi, non puoi uccidere le idee".

La sua intuizione era in gioco, ma non sembrava essere il tipo che era disposto a superare gli orrori di investigare ed eliminare quelli con cui aveva lavorato a stretto contatto. Come molte grandi figure della storia, ha capito che il tradimento da parte di chi ti è vicino non è colpa tua, soprattutto se tu, come leader, non hai mai nutrito intenzioni malvagie contro i tuoi collaboratori o compagni. In effetti, aveva una copia di un discorso con lui la mattina della sua morte che aveva preparato la sera prima, che aveva lo scopo di colmare le fratture ideologiche che stavano crescendo tra le fazioni in conflitto nel suo governo. Un estratto di ciò recita così: *"Qualunque siano le contraddizioni, qualunque siano le opposizioni, le soluzioni saranno trovate finché regnerà la fiducia..."* Ma quella mattina non riuscì a leggere quel discorso durante la riunione del consiglio perché gli spari delle mitragliatrici interruppero il procedimento poco prima che iniziasse, seguito da grida che ordinavano a tutti di uscire. Lasciò che i suoi ministri colpiti dalla paura sapessero che gli uomini armati lo stavano cercando, ordinò loro di restare fermi, alzò le mani in aria e poi uscì trovare le sue guardie del corpo che giacevano morte sulle scale. La squadra di soldati attaccanti gli ha aperto il fuoco in un lampo.

Quando la notizia dell'assassinio di Thomas Sankara il 15 Ottobre 1987 è uscita poco dopo che lui e altri dodici funzionari sono stati uccisi in un colpo di stato organizzato dal suo ex collega Blaise Compaoré, è stato accolto con indignazione, tristezza, apprensione e incredulità in tutto dei paesi del mondo. Ma da nessuna parte il dolore era grande come in Burkina Faso e nel resto dell'Africa, dove era considerato dalle masse come il faro della speranza in un continente dominato da leader con una disposizione malvagia, la maggior parte dei quali erano marionette di potenze straniere. Blaise Compaoré non solo si assicurò che Sankara fosse sepolto in una tomba non contrassegnata, ma profanò ulteriormente l'eredità di Sankara invertendo la maggior parte delle sue politiche e riallineare il Burkina Faso con quei leader e paesi stranieri che erano ostili a Sankara, in particolare la Francia, l'ex maestro coloniale. Molte persone esperte di storia non hanno perso tempo nel confrontare Blaise Compaoré con il Bruto (Marco Giulio Bruto), un politico della Repubblica Romana che ha partecipato all'assassinio del suo caro amico, l'Imperatore Romano Giulio Cesare.

Il fatto che Blaise Compare avrebbe Henri Zongo e Jean-Baptiste Boukary Lingani, con i quali inizialmente aveva governato in un triumvirato, arrestato, accusato di complottare per rovesciare il governo, processato sommariamente e poi giustiziato nel Settembre 1989, dimostrò che Sankara era un membro fiducioso e fidato di quel gruppo che prese il potere nel 1983 e iniziò la Rivoluzione Burkinabé.

La ricerca di Sankara di realizzare i programmi più ambiziosi per il cambiamento sociale ed economico mai tentati nel continente Africano è finita come un sogno parzialmente realizzato, ma era una visione che la gente apprezza per aver suscitato le speranze della gioventù Africana. Oggi è una leggenda nel suo paese e in Africa trent'anni dopo la sua morte.

Antonio de Figueiredo, giornalista, attivista ed emittente che ha fatto una campagna per la liberazione delle colonie Africane del Portogallo e che ha fatto più di chiunque altro per portare all'attenzione del mondo di lingua inglese in Angola, Mozambico, Guinea e Capo Verde, capito l'entità dell'influenza di Thomas Sankara quando scrisse nel Febbraio 2008 che:

"L'Africa e il mondo devono ancora riprendersi dall'assassinio di Sankara. Proprio come dobbiamo ancora riprenderci dalla perdita di Patrice Lumumba, Kwame Nkrumah, Eduardo Mondlane, Amílcar Cabral, Steve Biko, Samora Machel e, più recentemente, John Garang, solo per

citarne alcuni. Mentre le forze malevoli non hanno usato gli stessi metodi per eliminare ciascuno di questi grandi Panafricanisti, sono stati guidati dallo stesso motivo: mantenere l'Africa in catene."

Thomas Sankara, il rivoluzionario e di breve durata capo dello stato del Burkina Faso che ridusse il suo stipendio a $ 450 dollari, vendette la flotta governativa di auto Mercedes Benz, vietò l'allocazione di autisti per funzionari governativi e fece della Renault 5 l'auto ufficiale, fu commemorato in cerimonie che si sono svolte in Burkina Faso, Mali, Senegal, Niger, Tanzania, Burundi, Francia, Canada e Stati Uniti il 15 Ottobre 2007, venti anni dopo il suo assassinio. La leggenda africana gravemente mancata che è stata eliminata dall'arena geopolitica dalle forze neocoloniali di questo mondo e dai loro burattini e compradore Africani, proprio quando ha iniziato a ravvivare il sogno del panafricanismo, è stata esumata nel 2015, su richiesta della sua famiglia.

L'esumazione ebbe luogo un anno dopo l'insurrezione popolare che costrinse Blaise Compare a uscire dal potere e lo costrinse a fuggire dal Burkina Faso in esilio nella vicina Costa d'Avorio. La rabbia pubblica contro Blaise Compaoré che si era creata dall'assassinio di Sankara nel 1987 si riversò nelle strade dopo il tentativo di Compaoré del 2014 di cambiare la costituzione che gli avrebbe permesso di candidarsi nuovamente per la quinta volta e per altri due termini in quello che sono generalmente considerati travestimenti elettorali — una tendenza osservata nei regimi autoritari e ibridi, in particolare nell'Africa francofona in cui le elezioni che si svolgono sono predeterminate, comportando un processo in cui il regime in carica falsa l'intero processo per apparire democratico, mascherando in tal modo l'autoritarismo dei loro sistemi politici sotto un sottile velo di legittimità elettorale. Il piano di gioco coinvolge anche i loro burattinai — i grandi poteri, di solito occidentali — che danno la loro approvazione alla mascherata con messaggi di congratulazioni ai capi di stato in carica o ai loro successori scelti, riconoscendo così efficacemente i risultati delle elezioni, e sostenendo il comprador e il sistema in atto contro l'interesse delle persone e del paese. Blaise Compaoré stava cercando di emulare Paul Biya del Camerun (al potere dal 1982), che ha cambiato di nuovo la costituzione del paese nel 2008 per concedergli due mandati di sette anni in carica, e poi ha usato le sue forze di sicurezza per schiacciare i camerunensi che è uscito per le strade per mostrare la loro disapprovazione, uccidendo 150 manifestanti nel processo; ma non era così astuto come la sua controparte camerunese che era ancora più impopolare ma riuscì a cavarsela con la sua scommessa.

Un rapporto di autopsia condotto sui resti riesumati di Thomas Sankara rivelò che il rivoluzionario antimperialista morì per più di una dozzina di ferite da arma da fuoco. Ciò annullò l'affermazione debole secondo cui i suoi assassini lo uccisero per errore — il suo ex amico e successore più intimo Blaise Compaoré cercò di convincere il mondo a credere che fosse quello che era successo. Come ha affermato Ambroise Farama, uno degli avvocati che rappresentano la famiglia Sankara, era "... da capogiro ... Si potrebbe dire che era puramente e semplicemente pieno di proiettili ..." Al contrario, le autopsie sui corpi degli altri 12 i soldati che furono uccisi e seppelliti con Sankara nel 1987 rivelarono di aver subito solo una o due ferite da arma da fuoco.

Il Burkina Faso ha ripristinato l'eredità di Thomas Sankara come rivoluzionaria, panafricana, ambientalista, femminista e umanitaria con una statua di bronzo nella capitale di Ouagadougou nel marzo 2019. Tuttavia, la statua è stata corretta un anno dopo, nel maggio 2020 , rendendolo così più imponente e più vero per la vita rispetto al precedente.

Una statua di Thomas Sankara nel maggio 2020

Tre decenni dopo l'assassinio di Thomas Sankara, i giovani africani che stanno cercando di orientarsi, riservano ancora un posto di rilievo all'icona rivoluzionaria africana come una di quelle rare figure contemporanee che il continente ha prodotto che può essere salutato come modello e una figura con cui identificarsi. La sua eredità si sta espandendo rapidamente oltre l'Africa poiché sempre più persone lo riconoscono come un precursore della lotta ambientale, una figura di spicco nella causa contro il globalismo finanziario, un difensore del mancato pagamento di debiti illegittimi e un prototipo di sviluppo autosufficiente rispetto al modello liberale di sviluppo che avvantaggia solo una piccola minoranza.

È un dato di fatto, oggi, numerosi libri, articoli e altre opere d'arte glorificano la leggenda Africana altruista che si è assunto il colossale compito di mettere le persone in piedi e mostrare loro la strada per un futuro privo dell'influenza neocolonialista che è avvolto nel commercio, nella finanza e nelle culture importate che minano la forza dei valori comunalista Africani e la sacralità della famiglia.

Valutazioni Sulla Democrazia dei Paesi Africani

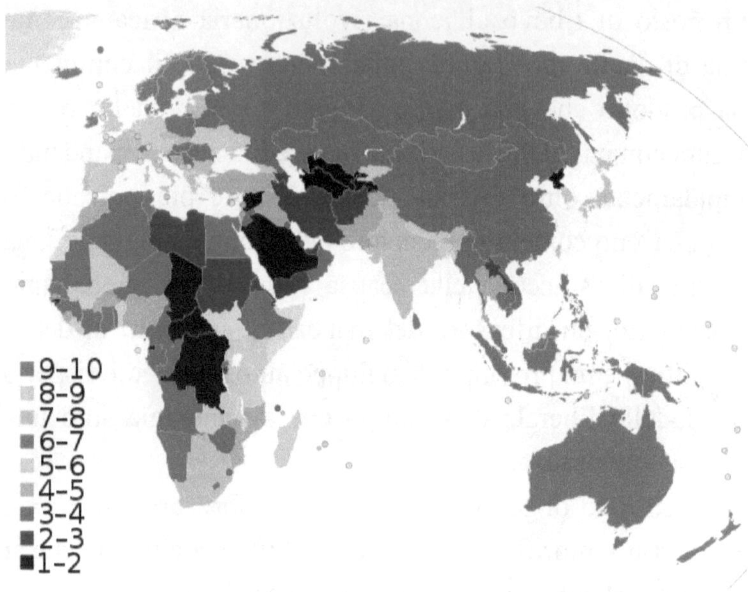

La Misura della Libertà dei Paesi del Mondo

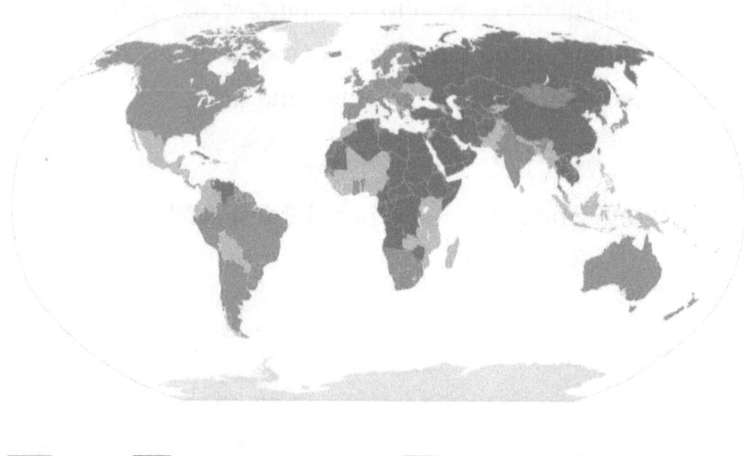

Indice di Democrazia: Africa e il Mondo

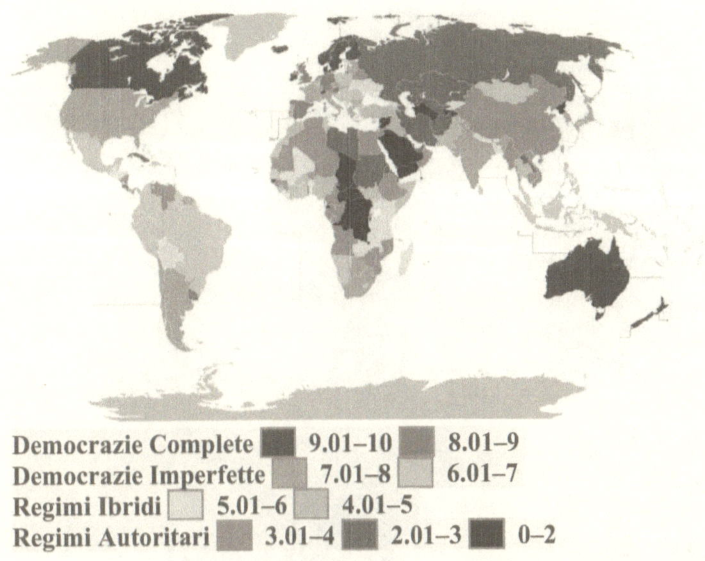

Mappa Politica dei Paesi Africani, 2000

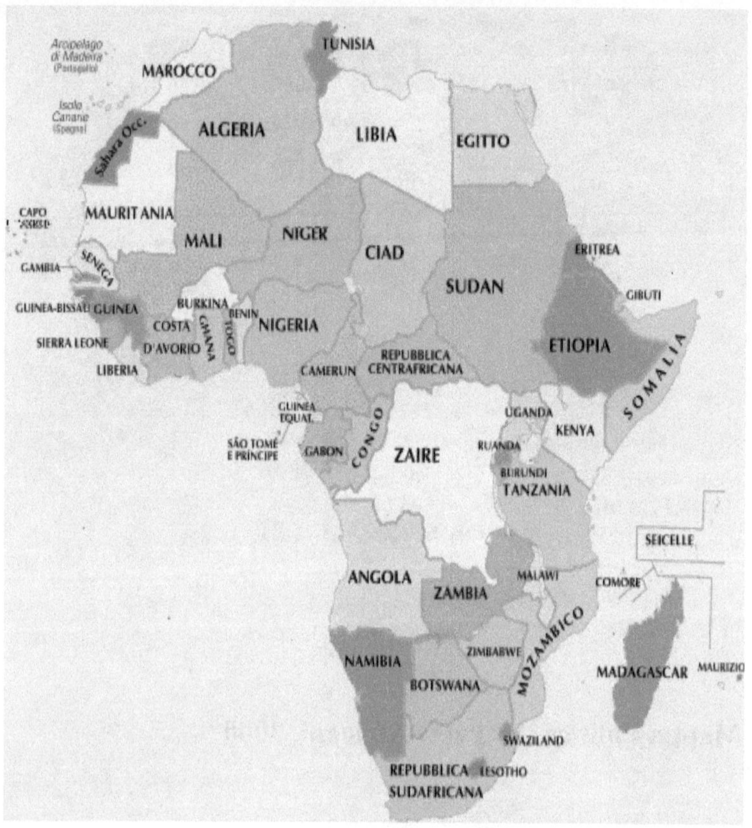

Arcipelago di Madeira (Portogallo)
Isole Canarie (Spagna)
TUNISIA
MAROCCO
ALGERIA
LIBIA
EGITTO
Sahara Occ.
MAURITANIA
MALI
NIGER
CIAD
SUDAN
ERITREA
GIBUTI
CAPO VERDE
GAMBIA
SENEGAL
GUINEA-BISSAU
GUINEA
BURKINA
BENIN
NIGERIA
COSTA D'AVORIO
GHANA
TOGO
SIERRA LEONE
LIBERIA
CAMERUN
REPUBBLICA CENTRAFRICANA
ETIOPIA
SOMALIA
GUINEA EQUAT.
SÃO TOMÉ E PRÍNCIPE
GABON
CONGO
ZAIRE
UGANDA
KENYA
RUANDA
BURUNDI
TANZANIA
SEICELLE
ANGOLA
ZAMBIA
MALAWI
COMORE
MOZAMBICO
ZIMBABWE
NAMIBIA
BOTSWANA
MADAGASCAR
MAURIZIO
SWAZILAND
REPUBBLICA SUDAFRICANA
LESOTHO